新华岁月

新华书店成立 80 周年纪念册

XINHUA BOOKSTORE
80TH ANNIVERSARY

新华书店

1948 年 12 月，毛泽东主席在河北省平山县西柏坡再次为新华书店题写店名

认真作好出版工作

毛泽东

毛泽东同志为"全国新华书店出版工作会议"题词
（原新华书店编辑部分为人民出版社的前身）
一九四九年

为着为新人民
出版事业而
奋斗光荣地
一年！

周恩来

一九五〇，一二，二。

周恩来总理为出版工作者题词

新华书店五十春秋

1986 年秋，中共中央政治局常委、中央顾问委员会主任、中央军委主席邓小平为新华书店总店编辑出版的《新华书店五十春秋》题写书名

加强领导
力求进步

出版会议

朱德

朱德总司令为全国新华书店出版工作会议题词

新华书店五十年

胡耀邦题

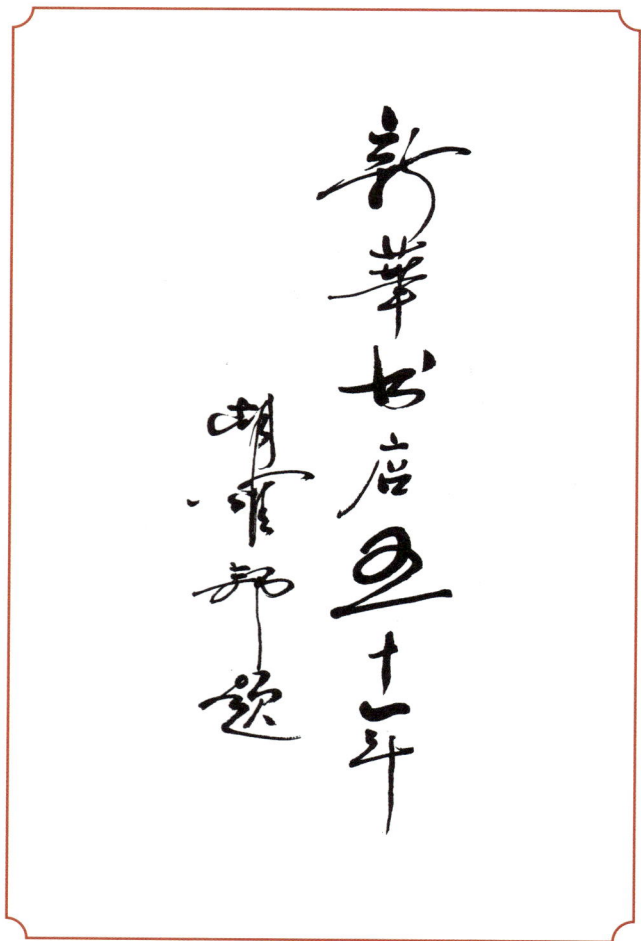

1986 年，中共中央总书记胡耀邦为新华书店总店编辑出版的《新华书店五十年》（图片集）题写书名

继承和发扬新华
本店光荣的革命传统

江泽民 一九九二年
四月五日

1992 年 4 月 5 日，中共中央总书记江泽民为新华书店成立 55 周年题词

歡迎全國新華書店第二屆工作會議。希望有多量的收穫，為全國讀眾更好地服務。

葉聖陶書

叶圣陶题词

完成全国新华书店的统一管理与统一领导，调整公私关系，实行公私兼出版印刷发行事业的分工合作。同志们！再向前进，按照毛主席的指示，认真作好出版工作！

全国新华书店第二届工作会议同志们留念。

胡愈之

一九五〇·八·三九於北京

出版总署署长胡愈之为全国新华书店第二届工作会议题词

书山有路勤为径，学海无涯苦作舟。

———韩愈

一日无书，百事荒芜。

———陈寿

莫等闲，白了少年头，空悲切。

——岳飞

少壮不努力，老大徒伤悲。

——《乐府诗集·长歌行》

凡读无益之书，皆是玩物丧志。

———王豫

书犹药也，善读之可以医愚。

———刘向

新民主主義論

毛澤東著

華北新華書店印行

磋砣莫遣韶光老，人生惟有读书好。

——翁森

三更灯火五更鸡，正是男儿读书时。黑发不知勤学早，白首方悔读书迟。

—— 颜真卿

至乐莫如读书，至要莫如教子。

——《增广贤文》

尽信书，则不如无书。

———孟子

吾生也有涯，而知也无涯。

——庄子

学而不厌，诲人不倦。

———孔子

发愤忘食，乐以忘忧，不知老之将至云尔。

———孔子

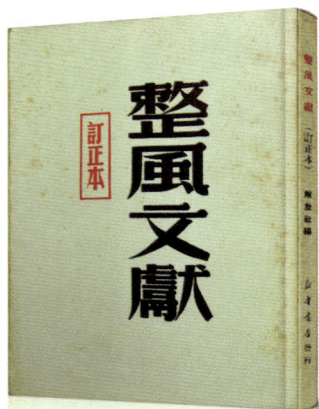

整風文獻

[訂正本]

解放社編

新華書店印行

敏而好学，不耻下问。

——孔子

知之者不如好之者，好之者不如乐之者。

——孔子

学而不思则罔，思而不学则殆。

——孔子

学而时习之，不亦说乎？

——孔子

温故而知新，可以为师矣。

————孔子

兴于《诗》，立于礼，成于乐。

———孔子

读书有三到，谓心到，眼到，口到。

——朱熹

毛澤東著

論聯合政府

新華書店發行

百学须先立志。

——朱熹

读而未晓则思，思而未晓则读。

——朱熹

学固不在乎读书，然不读书则义理无由明。

————朱熹

学贵精不贵博。

————戴震

读书之乐乐陶陶，起并明月霜天高。

——翁森

读书之法无他，惟是笃志虚心，反复详玩，为有功耳。

———朱熹

读书无疑者须教育疑，有疑者却要无疑，到这里方是长进。

——朱熹

改造我們的學習

毛澤東

東北書店印行

读书譬如饮食，从容咀嚼，其味必长；大嚼大咽，终不知味也。

——朱熹

夫读书将以何为哉？辨其大义，以修己治人之体也，察其微言，以善精义入神之用也。

——王夫之

举一而反三，闻一而知十，及学者用功之深，穷理之熟，然后能融会贯通，以至于此。

——朱熹

读书破万卷，下笔如有神。

——杜甫

立身以立学为先，立学以读书为本。

———欧阳修

读万卷书，行万里路。

———刘彝

发奋识遍天下字，立志读尽人间书。

——苏轼

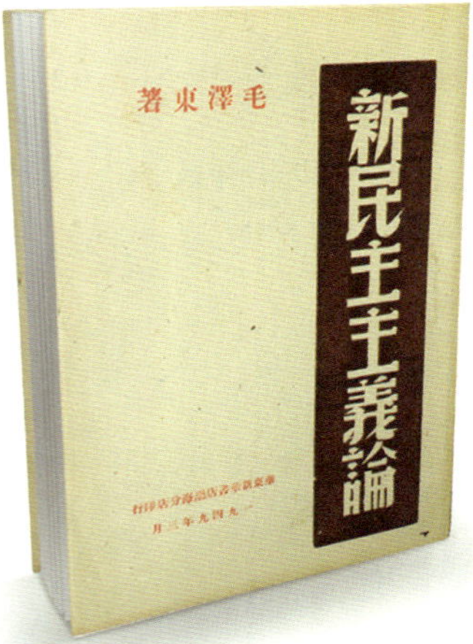
毛澤東著
新民主主義論

退笔如山未足珍，读书万卷始通神。

——苏轼

博观而约取，厚积而薄发。

———苏轼

书富如入海，百货皆有。人之精力，不能兼收尽取，但得其所欲求者尔。故愿学者每次作一意求之。

——苏轼

读书不知味，不如束高阁；蠹鱼尔何如，终日食糟粕。

——袁牧

立志宜思真品格，读书须尽苦功夫。

———阮元

非学无以广才，非志无以成学。

—— 诸葛亮

读书贵神解，无事守章句。

—— 徐洪钧

书到用时方恨少，事非经过不知难。

———陆游

书痴者文必工，艺痴者技必良。

———蒲松龄

书读百遍，其义自见。

——陈寿

路漫漫其修远兮，吾将上下而求索。

———屈原

读书破万卷，胸中无适主，便如暴富儿，颇为用钱苦。

———郑板桥

读书以过目成诵为能，最是不济事。

————郑板桥

贫寒更须读书，富贵不忘稼穑。

——王永彬

目前形勢和
我們的任務

解放社編

（標準本）

華東新華書店出版

年少从他爱梨栗，长成须读五车书。

——王安石

纸上得来终觉浅，绝知此事要躬行。

——陆游

人能不食十二日，惟书安可一日无。

——陆游

灵魂欲化庄周蝶，只爱书香不爱花。

———童铨

读书志在圣贤，非徒科第。

———《朱子治家格言》

勉之期不止，多获由力耕。

————欧阳修

强学博览，足以通古今。

——欧阳修

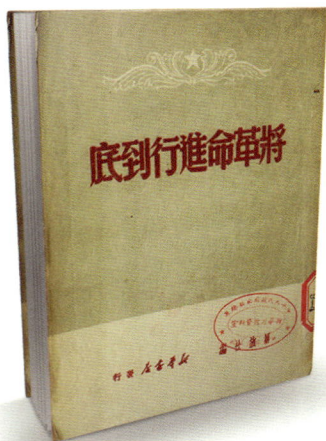

天下事以难而废者十之一，以惰而废者十之九。

————颜之推

万般皆下品，唯有读书高！

————汪沫

学必求其心得，业必贵其专精。

——章学诚

读书如饭，善吃饭者长精神，不善吃者生疾病。

———章学诚

读书不寻思，如迅风飞鸟之过前，响绝影灭，亦不知圣贤所言为何事，要作何用。

——薛宣

饥读之以为肉，寒读之以当裘，孤寂读之以友朋，幽忧读之以当金石琴瑟。

——尤袤

读书要玩味。

——程颢

毛澤東著

農村調查

大書店發行

读书欲精不欲博，用心欲专不欲杂。

——黄庭坚

但患不读书，不患读书无所用。

———朱舜水

刻苦读书，积累资料，这是治学的基础。

——秦牧

睹一事于句中，反三隅于字外。

———刘知几

壮士腰间三尺剑；男儿腹中五车书。

——《笠翁对韵》

读书须知出入法。始当求所以入，终当求所以出。

———陈善

外物之味，久则可厌；读书之味，愈久愈深。

——程颐

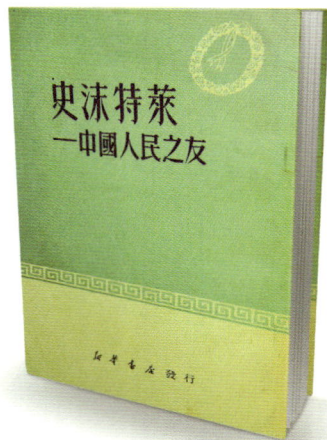

史沫特莱
一中国人民之友

新华书店發行

读书务在循序渐进；一书已熟，方读一书，勿得卤莽躐等，虽多无益。

——胡居仁

用心不杂，乃是入神要路。

————袁牧

或作或辍，一暴十寒，则虽读书百年，吾未见其可也。

——吴梦祥

要知天下事，须读古人书。

———冯梦龙

凡欲显勋绩扬光烈者，莫良于学矣。

——王符

士欲宣其义，必先读其书。

———王符

读书如行路，历险毋惶恐。

——《清诗铎·读书》

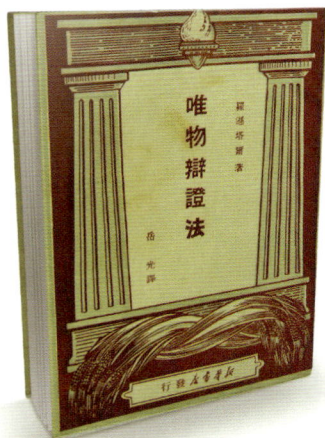

开卷有益。

——赵光义

盛年不重来，一日难再晨。及时当勉励，岁月不待人。

———陶渊明

好读书，不求甚解。每有会意，便欣然忘食。

———陶渊明

奇文共欣赏，疑义相与析。

———陶渊明

劳于读书，逸于作文。

——程端礼

三日不读，口生荆棘；三日不弹，手生荆棘。

——朱舜水《答野节问》

进学致和，行方思远。

———宇严

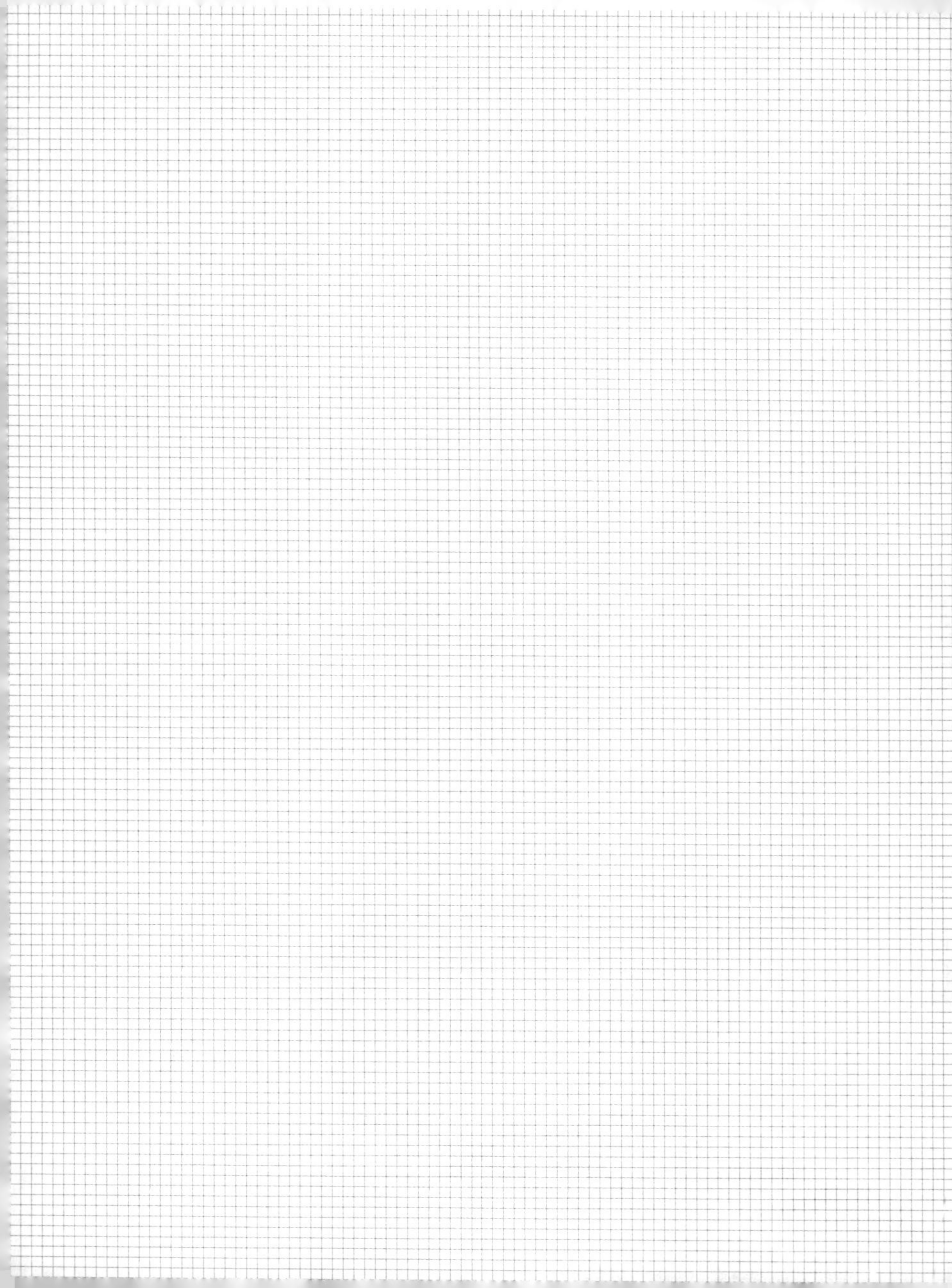

抗战中的政治问题

——徐特立先生论文集

新知书店发行

目前形勢和我們的任務

·標準本·

解放社 編

中共機關人士評時局情勢
中國人民解放軍宣言
中國人民解放軍總部關於軍紀的訓令
火線的誌議
目前形勢和我們的任務
評戰犯求和
將革命進行到底
一九四九年新年獻詞
中央關於土地改革工作的指示
新區農村工作的策略問題
人民解放戰爭第三年的軍事任務

新華書店 印行

毛澤東 著

新民主主義論

新華書店 發行

毛主席

在晉綏幹部會議上的講話

華北新華書店印行

斯大林在第一次全蘇聯
斯達漢夫諸工作者會議上的演說

東北總工會譯委會合編

文化供應社書店印行

職工運動叢書之四

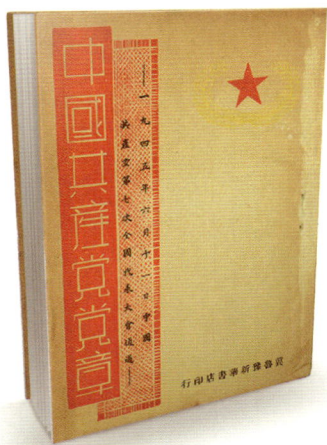

中國共產黨黨章

一九四五年六月十一日中國共產黨第七次全國代表大會通過

晉察冀新華書店印行

蒋介石言行對照錄

華東新華書店出版

Nº CC17

新民主主義論

毛澤東 著

晉察冀新華書店發行

中国革命与
中国共产党

西北新华书店出版

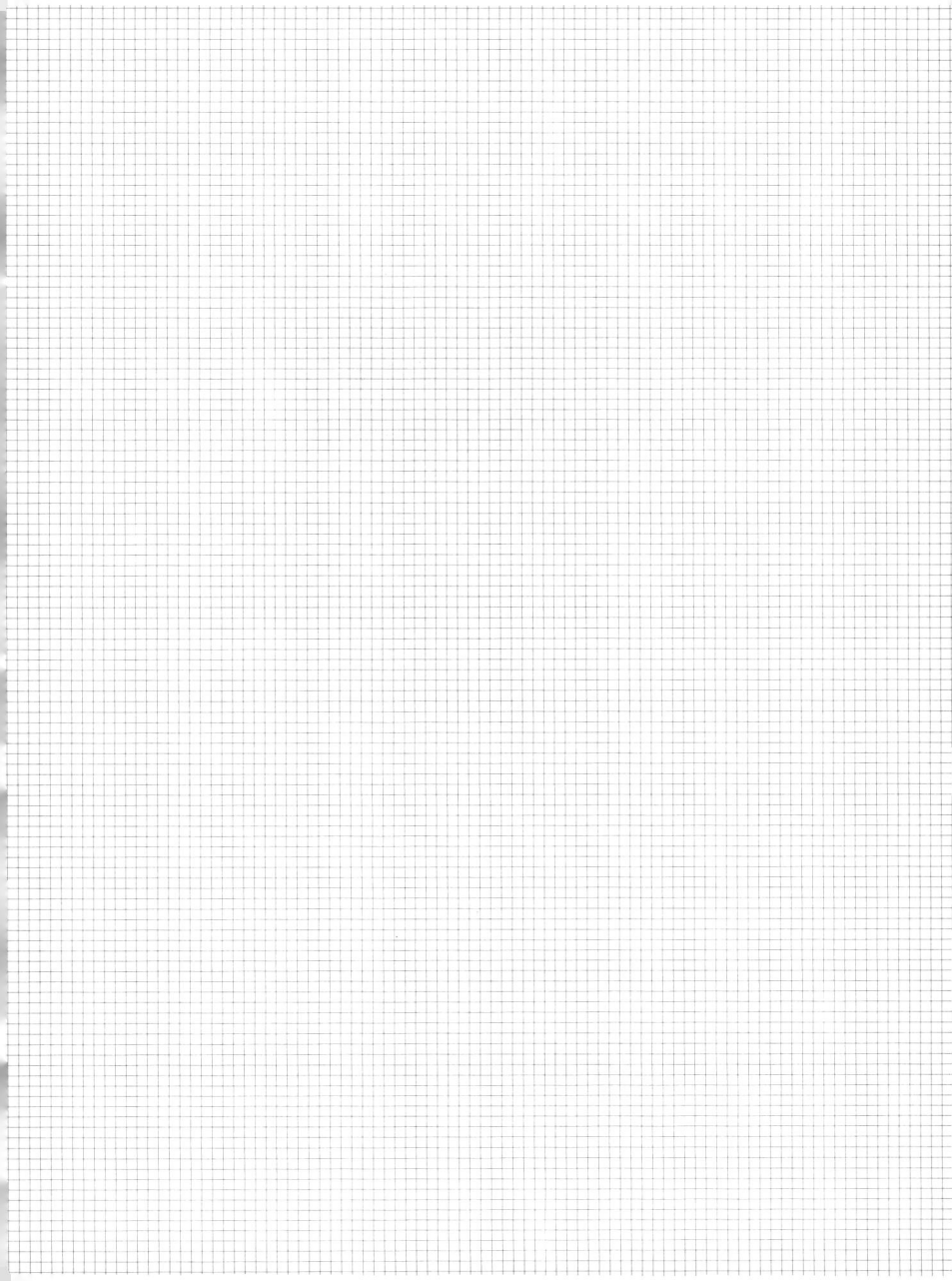

中國革命戰爭
的戰略問題

毛澤東

東北新華書店印行

斯大林：

新的环境和新的经济建设任务

华北工会筹备委员会编
天津新华书店版发行
一九四九年三月三版

战友运动丛书之五

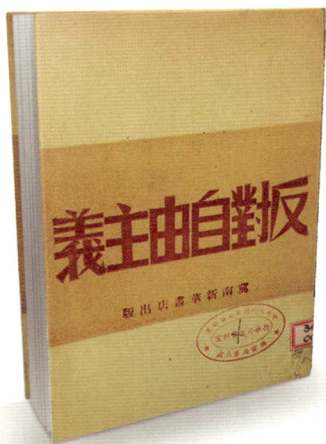

在晉綏幹部會議上的講話

毛澤東 著

中原新華書店印行

图书在版编目（CIP）数据

新华岁月：新华书店成立 80 周年纪念册/任民 著. —北京：人民出版社，2017.3
ISBN 978－7－01－017546－1

Ⅰ. ①新… Ⅱ. ①任… Ⅲ. ①新华书店－1937－2017－纪念文集
Ⅳ. ①G239.23－53

中国版本图书馆 CIP 数据核字（2017）第 056152 号

新华岁月——新华书店成立 80 周年纪念册
任民 著

出版发行 人民出版社
社　　址 北京市东城区隆福寺街 99 号
邮　　编 100706
经　　销 新华书店经销
印　　刷 北京盛通印刷股份有限公司印刷
版　　次 2017 年 3 月第 1 版
印　　次 2017 年 3 月北京第 1 次印刷
开　　本 889 毫米×1194 毫米　1/32
印　　张 8
字　　数 2 千字
书　　号 ISBN 978－7－01－017546－1
定　　价 50.00 元
邮购地址 北京市东城区隆福寺街 99 号
销售电话 （010）65250042　65289539